MA PETITE BROCHURE

SUR

LES ÉVÉNEMENTS DU JOUR.

MA PETITE BROCHURE

SUR

LES ÉVÉNEMENTS DU JOUR;

PAR Mr. DE LABOUÏSSE.

A PARIS,

CHEZ L. G. MICHAUD, IMPRIMEUR DU ROI,

RUE DES BONS-ENFANTS, No. 34.

MAI 1814.

« Le moment où son empire sera parvenu à
» la situation en apparence la plus bril-
» lante, sera l'époque où il commencera à
» déchoir. Ses succès ouvriront les yeux
» à ses voisins ; ses conquêtes lui feront
» plus d'ennemis qu'elles ne lui donneront
» de sujets. » (MABLY.)

DÉDICACE

A M. DE KERIVALANT,

Ancien Maître des Comptes de la province de Bretagne.

31 mai, 1814.

Mon cher ami, je vous dois l'hommage de cette bluette, puisque les lettres qui la composent vous furent adressées. Me pardonnerez-vous de les avoir réunies et publiées sans avoir obtenu votre agrément? Privé du plaisir de me rendre dans la capitale à une époque si mémorable pour la France, j'ai voulu prouver par cet écrit, que je n'avais pas été insensible aux heureux changements que la Providence a opérés. Eh ! comment aurais-je pu l'être, moi qui, dès l'âge le plus tendre, souffris pour la juste cause qui triomphe aujourd'hui? Jeté dans les cachots à l'âge de quinze ans, proscrit à dix-huit, otage à vingt, pouvais-je ne pas voir reparaître avec joie ces fleurs de lis, qui, semblables à la colombe sortie de l'arche, nous annoncent que les eaux du déluge se sont retirées, et que nos maux sont finis? J'ai peut-être tort de faire paraître, sans les refondre, des lettres dont le style est si peu soigné; mais je n'ai voulu rien changer au sentiment qui me les dicta.

MA PETITE BROCHURE

SUR

LES ÉVÉNEMENTS DU JOUR.

LETTRE PREMIÈRE.

A M. DE KERIVALANT.

Montréal, le 21 avril 1814.

Par où commencerai-je ma lettre, mon cher ami? Nous respirons enfin; nous sortons d'une terreur nouvelle. Il semble qu'on devienne un homme nouveau: aussi la pensée, long-temps comprimée, s'échappe avec une sorte de crainte; elle est émue, elle s'étonne d'être libre. Liberté, noble liberté de l'ame, liberté qui n'es point la licence, mais une émanation de l'essence divine; liberté, l'on proclama souvent tes droits et ton empire; mais, esclave sous des républicains despotes, enchaînée sous le diadème d'un ambitieux, elle n'a retrouvé son essor que sous un roi digne héritier d'un trône qu'occupèrent Saint Louis, Henri IV et Louis XII.

Il faut en convenir, mon cher ami, c'est avec justice qu'on doit s'étonner, lorsqu'on sait réfléchir, d'avoir pu se laisser séduire un moment par l'éclat militaire du tyran que l'opinion publique vient d'abattre. Il n'était plus rien pour la France, qu'il signait encore des arrêts de mort contre les victimes de ses fureurs. Quelle était donc cette gloire qui fascinait nos yeux? Osons l'examiner. Des routes achevées, des canaux entrepris, des monuments élevés; mais furent-ils le fruit de ses épargnes ou de ses rapines? N'est-ce pas aux dépens de l'aisance du riche et du nécessaire des pauvres qu'il nous prodigua ses ruineux bienfaits? Des victoires, il est vrai! mais combien ne coûtèrent-elles pas de larmes à la France? combien de générations moissonnées en entier? Hélas! toute l'histoire ne le confirme que trop; les colonnes triomphales annoncent la gloire des héros et le malheur des peuples. Ah! qu'un roi sage et pacifique est préférable! il est le père de tous; il ne regarde point ses nombreux sujets comme des ilotes indignes de vivre, qu'on peut décimer, persécuter, massacrer au gré d'un atroce caprice. Il respecte les droits des pères, et la sensibilité maternelle. Gardé par l'amour de ses sujets, s'il a besoin d'être défendu, il voit accourir librement et par honneur des guerriers fidèles, que des chaînes de fer ne lient pas aux chevaux des gendarmes, et que de farouches geoliers ne rudoieront pas. Grand Dieu! quelle différence! naguère la France ne voyait sur ses routes que des soldats captifs, que maltraitaient d'inhumains conducteurs, sans songer que ces soldats, si bien liés entre eux, étaient des hommes : des hommes! que dis-je? non, ce n'étaient que des enfants arrachés à leurs études, à leurs familles, à leur état, pour aller à la mort. Que de moyens cruels et perfides n'employait-on pas pour augmenter le nombre des victimes ! Je l'ai vu, j'ai vu un préfet, sans respect pour la vieillesse et le malheur ! . . . Mais non, n'achevons pas, et jetons un voile épais sur ces horribles images. Oublions ces atrocités particulières, commandées par celui qui aurait dû les réprimer, par celui qui s'assit hardiment sur un trône qui n'était pas fait pour lui. Et l'on pourrait regretter un gouvernement aussi vexatoire, un gouvernement qui, démoralisant une population entière, appelait au pillage et au viol tout homme qui atteignait l'âge des passions, et faisait une troupe féroce de ces malheureux qui eussent toujours été d'honnêtes paysans, si on ne les eût pas enlevés à leurs chaumières !... Comme ils étaient craints ces braves, couverts de lauriers, mais dont plusieurs étaient souillés de crimes! On les redoutait plus que l'ennemi qui venait les combattre. Aussi, la guerre était encore sous nos yeux, on n'apprenait qu'à la dérobée les heureux changements que la Providence venait d'opérer dans la capitale, lorsque je m'écriai :

Vive le roi! Ce cri doux et prospère
Est tout amour, il bannit tout effroi;
Il nous annonce un protecteur, un père;
Répétons donc en chœur : *Vive le roi!*

Dans ce moment de surprise et de joie les souvenirs se pressent dans ma pensée; ce que nous venons d'apprendre, ce qui arrive, ce que nous avions à craindre... que de sujets de réflexion! Tant de malheureux engloutis vivants sous les neiges, les armes à la main! tant de malheureux retenus sans crimes dans les prisons ! tant de blessés délivrés de la vie par le poison ou faute de soins ! tant de trahisons, tant d'indifférence pour son peuple, tant d'ingratitude pour ses vieux serviteurs, et tant de sinistres projets !... Que dirons-nous des lettres avilies ? Nul ouvrage ne pouvait paraître sans que les mensonges de l'adulation servissent de passeport et d'excuse aux vérités qui s'y trouvaient. La louange était parfois payée ; plus souvent elle était commandée *gratis*. Il fallait que les muses chantassent le désespoir des peuples, sous peine d'être exilées ou plongées dans d'horribles cachots. Que de beaux livres auraient vu le jour sans cette obligation de mutiler ses pensées et de taire ses sentiments ! Les Labarpe, les Delille, les Châteaubriant, les Ferrand, les Bonnald, les St.-Victor, les Charles Delalot, avaient-ils eu le courage de laisser connaître une partie de leurs opinions ? ils étaient persécutés, enfermés, proscrits, injuriés par de méprisables faiseurs de feuilletons, qui vendaient lâchement leur indépendance et leur honneur à la police. Quel était donc cet ordre de choses, où, sous le prestige d'une fausse grandeur, on flétrissait tout ce qu'il y avait de grand et de noble parmi les hommes ?..... Vous souvient-il de cette carrière ouverte au génie ? vous soupirâtes, votre cœur s'enflamma ; nous bénissions presque le créateur de ses nouveaux jeux poétiques ; des prix étaient institués, une fête triomphale était promise....... Promesse fallacieuse ! Le tyran ne voulait que jeter dans une arène nouvelle les paisibles nourrissons des Muses; c'est un spectacle qu'il donnait au peuple pour le distraire de ses malheurs ; les avilir en leur soufflant une soif des richesses que les muses n'eurent jamais, et les perdre par ces malheureuses jalousies qui les divisent trop souvent !.... Mais les récompenses annoncées ne devaient jamais être obtenues. Sa parole impériale n'avait rien pour lui de sacré. Détrôner des rois, bouleverser des empires, tels étaient ses plaisirs. Qu'ils seront différents ceux des Bourbons ! Veiller à notre bonheur, cicatriser toutes nos blessures, se sacrifier au repos d'une nation trop long-temps ingrate, tels seront leurs plaisirs et leurs occupations. Il ne sort pas un seul mot de leur bouche qui ne parte du cœur ; tandis que... Ah ! quel odieux parallèle osais - je entreprendre ! n'en souillons pas notre plume : peut-il exister de comparaison entre la vertu et le crime ? — Adieu. Ma lettre est bien longue ; mais depuis si long-temps nos relations étaient interrompues, et j'avais tant de choses à vous dire, qu'en vérité il me semble que je n'en ai presque pas dit.

LETTRE DEUXIÈME.

A M. DE KERIVALANT.

Montréal, 25 avril 1814.

L'ARMÉE, *essentiellement obéissante*, a reconnu les droits de LOUIS XVIII. Cette adhésion du maréchal qui la commande, a été solennellement proclamée à Carcassonne. J'y ai couru ; mais je ne sais quelle sorte de stupeur enchaînait les esprits : les uns ne comprenaient pas comment arrivait, sans aucune secousse et sans presque l'avoir prévu, un changement qu'ils avaient tant désiré ; les autres s'étonnaient de ce qu'il était tombé si lâchement ce colosse de puissance, ce guerrier souverain, qui n'a su ni régner comme un roi, ni mourir comme un soldat. Quelques vieux militaires regrettaient de voir leurs armes s'échapper de leurs mains, la paix semblait leur faire peur...... Mais soyons justes; l'alégresse brillait cependant sur le front de ces gardes urbaines, qui ont été si utiles dans nos cités; et les jeunes femmes qui remplissaient et embellissaient les rues de cette jolie ville, ne cessaient de crier : *vive le roi !* ces cris-là partaient vraiment du cœur. Toutefois il faut que j'en convienne, mon cher ami, j'éprouvais moi-même je ne sais quel saisissement qui semblait être un mélange de joie et de crainte.

Étais-je effrayé, malgré moi, des événements que l'avenir nous cache? Eh! quels maux pires que ceux auxquels nous venons d'échapper, par miracle, nous seraient-ils réservés?.... Non, non: qu'une lâche frayeur ne nous abatte point. Pourrait-il y avoir des divisions quand un père rentre dans sa famille? la révolution pourrait-elle recommencer précisément quand elle finit? Il est cependant des personnes éclairées qui craignent: leurs fâcheux pressentiments s'accompliront-ils? je ne le pense pas. Eh! qui redouterait-on? Serait-ce les armées? elles sont courageuses et deviendront fidèles, par cela même qu'elles savent obéir. Je n'ignore pas toutefois qu'un si beau dénouement les étonne. Forcées de combattre sans cesse, conduites de bataille en bataille, accoutumées aux honneurs et à la gloire, elles ont dû éprouver un moment de surprise et de regret; mais, j'en suis sûr, elles partageront bientôt nos espérances et notre amour. Les Bourbons aiment les braves; des récompenses les attendent, et ces récompenses sont bien plus solides et bien plus glorieuses que celles que, pour les conduire à une mort certaine, leur prodiguait un tyran couvert de meurtres.

Sera-ce. . . . .
. . . . ?

Sera-ce. . . . .
. . . . ?

Sera-ce. . . . .
. . . . ?

Qu'ils s'en rapportent au cœur du roi; sa bonté est connue, elle ne démentira point sa justice, j'ai presque osé dire sa reconnaissance.

Mais quel sera notre sort, répète-t-on sans cesse avec dépit, et de combien d'orages et de malheurs sommes-nous menacés? Des orages, quand nous aurons un roi ferme! des malheurs, quand nous aurons un bon roi! Pour moi, j'en conviens, je ne saurais rien prévoir de fâcheux; j'aime mieux espérer. Mais attendons, oui, attendons. De si grandes réformes, une sage constitution, et tant de lois nouvelles, que l'expérience du passé et le besoin de l'avenir commandent, ne peuvent se terminer et s'arranger en quelques minutes. Ayons plus de patience, et ne perdons pas de vue l'horrible crise d'où nous sortons. Songeons-y bien; supposons que Buonaparte est encore sur le trône : que ferait-il avec ses trésors épuisés, sa marine détruite, sa capitale prise, ses armées anéanties ou prisonnières, ses arsenaux pillés, une population entière cruellement violée ou mutilée? .. Grand Dieu ! mes cheveux se dressent sur la tête à ces infernales images. Mais, je le répète, que ferait-il? Ce qu'il ferait ! il rugirait comme un lion furieux, il pressurerait ses peuples, il détruirait toutes les fortunes, il anéantirait toutes les familles, et finirait par faire du plus beau royaume de l'Europe une solitude semblable aux déserts de l'Egypte. Sans doute, ce royaume, jadis si florissant, sera long-temps à se relever de la position où il se trouve. Mais n'oublions pas que cette triste situation est la suite de l'ambition de l'empereur ; que les Bourbons sont innocents de nos peines, et que sans leur présence miraculeuse, jamais peut-être les plaies de la France n'auraient pu se cicatriser. Sans leur retour indispensable et juste qu'allions-nous devenir ? Croit-on que Buonaparte eût obtenu de plus vastes frontières ? Croit-on qu'il eût dicté des conditions meilleures que celles que nous obtiendrons ? Pourquoi donc des esprits chagrins seraient-ils plus exigeants envers le roi que la Providence vient de nous rendre ? Sera-t-il en son pouvoir de réparer tous les maux que nous avons soufferts ? Hélas ! ces maux furent notre ouvrage, il en fut la première victime ; son cœur pardonne, et c'est nous qui nous plainons !..... Sans lui, cette belle patrie qui nous est si chère et dont la gloire est si grande, que serait-elle ? N'allait-elle pas être partagée et gouvernée par des Autrichiens ou des Cosaques ? Le peu qui nous serait resté, condamné (m'a-t-on dit) à restituer aux puissances dix-huit cent millions d'impôts extraordinaires, allait être mis en séquestre par le gouvernement. Le décret existait; chacun devait payer le tiers du capital de sa fortune, sous peine d'être spolié de tout le reste. Ceux qui n'auraient pas pu acquitter (et c'était le plus grand nombre) cette contribution d'un nouveau genre, cette contribution exorbitante, auraient vu saisir et vendre, à vil prix, sur la place, par les mains d'une atroce justice, tout ce qu'ils possédaient... C'est bien alors qu'on aurait eu à murmurer et à se plaindre; alors, où la guerre civile ayant éclaté dans la Vendée et dans les provinces méridionales, le frère aurait combattu contre le frère, le fils peut-être aurait été conduit à égorger son père !... Et voilà les malheurs et les crimes que nous regretterions ! et nous ne saurions pas être assez calmes pour être justes, et pour savoir attendre les prospérités que nous préparent la bonté et les vertus d'un roi connu par ses lumières, ses opinions et ses principes ! N'exigeons pas l'impossible, et jouissons d'une paix et d'un bonheur que nous ne pouvions ni prévoir, ni espérer.

Adieu, mon cher ami ; je me plais à vous entretenir de ces réflexions qui m'échappent sans ordre. Depuis deux mois ma plume était oisive; je n'écrivais plus à personne, tant les événements m'avaient abattu et affligé. De combien de malheurs n'ai-je pas été le triste témoin ! que de dangers moi-même n'ai-je pas courus ! que de pertes j'ai faites ! que de revers m'ont assailli !... Mais tout est oublié, le roi nous est rendu, les proscrits vont rentrer, la pensée est libre, nous allons jouir de la paix; nos enfants nous appartiendront, nous pourrons les élever avec sécurité, et leur transmettre les épargnes d'une paternelle économie..... Que de bonheur à la fois ! quel changement heureux ! quelles riantes perspectives ! Adieu, mon cher ami ; et répétons toujours : *Vive le Roi! vive le Roi !*

LETTRE TROISIÈME.

A M. DE KERIVALANT.

Toulouse, 5 mai 1814.

Me voilà, mon cher ami, à Toulouse avec mon Eléonore, occupés l'un et l'autre à repaître nos yeux et nos cœurs de la vue de S. A. R. le duc d'Angoulême. Qu'il est doux, sensible, affable! Tout le monde l'aime et l'admire; c'est un ravissement, une ivresse incomparables. En effet, quel spectacle peut être plus touchant que le retour de ces excellents princes, qui reviennent avec toute la bonté des Bourbons et toute l'expérience du malheur? quel règne doux et pacifique va succéder à une affreuse tyrannie! Les Français ne seront plus comme les pions d'un échiquier qu'on rejette et entasse dans une boîte dès qu'ils ne servent plus. Ce fut le 27 avril que ce prince fit son entrée dans Toulouse: si je voulais vous décrire cette entrée vraiment triomphale, les expressions manqueraient à ma plume. Long-temps avant que ce prince parût, on n'entendait que des acclamations de joie; toutes les rues que le cortége devait traverser étaient tapissées; l'impatience et le bonheur se peignaient sur toutes les figures; les drapeaux blancs, les fleurs de lis, flottaient à toutes les fenêtres. Enfin, la tête du cortége parut; c'était de la cavalerie anglaise : ces habits rouges, qui contrastaient avec les habits bleux de nos gardes d'honneur ; ces panaches blancs, ces cocardes blanches que Français, étrangers, montraient à nos yeux ; ces cris uniformes de paix et d'union : ces peuples rivaux ; long-temps ennemis, dont on craignait l'astucieuse politique, dont on redoutait de perfides bienfaits, unis à nous par les mêmes transports, répétaient avec enthousiasme les mêmes paroles, et ce n'étaient que des *vive Louis XVIII! vive le duc d'Angoulême! vive la duchesse d'Angoulême! vivent les Bourbons!* Mon cœur se dilatait; je n'avais pas assez d'yeux pour tout voir, assez d'oreilles pour tout entendre. Depuis cet heureux moment, ce n'est que fêtes et que joie : illuminations, bals, concerts, comédies, revues ; le prince est partout, desiré partout, recherché partout; affaires, projets, tout est oublié : on ne s'entretient que du bonheur de la France, que du bonheur actuel de Toulouse; on ne s'occupe que de présentations, que de parures. Il n'y a plus de larmes, plus de misère, plus de malheurs; tous les fléaux semblent avoir disparu; on se réjouit, on s'embrasse, on renaît. Vous ne sauriez vous faire une idée de ce riant tableau qu'en fidèle observateur je contemple avec délices. Ici, ce sont les braves généraux Clauzel, Vilatte, d'Armagnac, qui viennent offrir leur hommage au digne époux de la fille de Louis XVI; là, c'est lord Wellington jouissant de son ouvrage, et partageant avec nous tous nos sentiments; ici, c'est l'intrépide duc d'Albufuéra accourant se déclarer par ces mots : *Mon armée et moi nous sommes aux Bourbons, à la vie et à la mort ;* là, c'est le peuple qui s'étonne de voir tant de bonté réunie à tant de puissance, et qui s'écrie : *Voilà enfin un prince digne de tout notre amour !* Ici, d'anciens militaires, de malheureux émigrés se groupent pour être introduits dans le palais qu'ils vont remplir du souvenir de leur dévouement et de leurs exploits ; là, se présente ce commissaire extraordinaire du roi qui vient pour réparer tous les maux, pour fermer toutes les blessures ; son nom seul suffit pour nous rassurer et nous réjouir ; c'est le comte de Polignac, si long-temps proscrit, si long-temps enfermé dans le donjon de Vincennes..... Je ne sais, mon cher ami, si vous pourrez comprendre tout notre bonheur, le mien est au comble. J'ai tâché d'en rendre quelque chose dans les couplets suivants composés très vite; ils demandent votre indulgence; mais vous êtes Français, vous êtes mon ami; c'est avec votre cœur que vous les lirez, et non pas avec votre esprit.

COUPLETS.

Qu'une aimable jeunesse
Répète en liberté
Ce refrain d'alégresse
Que la paix a dicté :
Aimons, buvons, ce n'est qu'ainsi
Que la vie
Est jolie;
Aimons, buvons, ce n'est qu'ainsi
Qu'on nargue le souci.

Au beau sein de la France
Les Bourbons de retour
Ramènent l'abondance,

La concorde et l'amour.
Aimons, etc.

Dans nos belles provinces
Qu'attristait le malheur,
Voyez tous ces bons princes
Nous redire du cœur :
Aimons, etc.

Autour de la couronne
Qu'il ne soit qu'un parti;
Serrons-nous près du trône
Où règne un autre Henri.
Aimons, etc.

« Lorsque Louis pardonne,
» Qui ne pardonnerait ? »
Ce mot à sa couronne
Lui seul m'attacherait.
Aimons, etc.

O fortune propice,
Qui viens combler nos vœux !
Que tout se réjouisse,
Nous sommes tous heureux.
Aimons, etc.

FRAGMENT

D'UNE RÉPONSE DE M. DE KERIVALANT.

Nantes, 18 mai 1814.

Que j'aime, mon cher Auguste, à voir votre cœur aimant se dilater à l'aspect de nos princes ! que vous êtes heureux de les avoir vus et de l'espérance prochaine de contempler bientôt notre bon roi ! Ah ! nous n'étions pas faits l'un et l'autre pour aimer le fléau de l'humanité. Quelle différence entre la dureté féroce de celui-ci et l'ame tendre et douce, le ton paternel et les réponses si aimables, si justes, de nos vrais souverains ! C'est surtout cette angélique duchesse d'Angoulême que j'admire, et que tant de souvenirs nous rendent plus chère encore. Que je vous envie le bonheur que vous aurez de la voir! Ah! malheur à tous ceux qui se disent Français et qui n'admirent pas comme nous ces images vivantes de la Divinité! Il en est cependant de ces êtres assez disgraciés de la nature, pour ne pas éprouver des sentiments si doux; que je les plains!....

Dès que les heureux événements de Paris furent connus, je fis insérer ces quatre vers dans notre journal:

Il est enfin tombé, celui dont la puissance
Si long-temps sous son joug a fait gémir la France!
Un jour brillant succède à la plus sombre nuit:
Dès qu'*Oromase* arrive, *Arimane* s'enfuit.

LETTRE QUATRIÈME.

A M. DE KERIVALANT.

7 mai 1814.

Quand donc brillera-t-il entièrement sur nous le jour de la justice? Assez long-temps l'esprit de haine et de parti nous divisèrent; la mort était partout, dans nos cœurs comme aux armées: prenons enfin des sentiments plus doux et plus pacifiques. Pourquoi nous plaire à affliger sans cesse d'illustres écrivains qui devraient exciter notre orgueil ainsi qu'ils font notre gloire? Cependant, on ne cesse de rabaisser de tous côtés un littérateur aussi recommandable par son courage que par son talent. On l'accuse d'avoir encensé Buonaparte et de n'avoir pas une bouche assez pure pour louer les Bourbons. Je ne m'arrêterai pas à peser les droits de ceux qui le condamnent ; ici, comme en beaucoup d'autres choses, les plus coupables sont presque toujours les plus sévères. Je suis trop peu lié avec M. de Châteaubriant ; mais j'ai toujours admiré son noble génie, et plaint sa malheureuse destinée. Sans être précisément son ami de cœur (titre dont je voudrais pouvoir m'honorer), je le suis du moins par l'estime que je lui porte. Vous qui l'admirez comme moi, mon cher ami, permettez-moi de vous adresser une défense de cet écrivain et de faire l'éloge de son beau talent, si toutefois l'un et l'autre sont nécessaires, ce que je n'aurais pas cru si je n'avais consulté que mon enthousiasme.

Que lui reproche-t-on? comment se ferait-il que son encens ne fût pas assez pur? Qui donc aurait le droit de manifester l'alégresse et l'amour qu'inspirent nos princes légitimes? qui oserait se dire fidèle à leurs vertus, si personne n'avait dû nommer nulle part cet usurpateur qui voulait dominer sur la pensée des hommes comme sur les arrêts de la Providence? J'ai lu, relu ces pages sublimes qu'une muse céleste semble avoir dictées à M. de Châteaubriant. Dans cet *Itinéraire à Jerusalem*, où l'éloge de l'empereur se trouve, dit-on, je n'ai vu que l'éloge de la valeur française; et des Français oseraient-ils nous contester une qualité que toutes les nations réunies nous accordent ? En traversant l'Egypte, quand il allait recueillir de la gloire au péril de ses jours, l'auteur parle (et il a dû parler) de nos armées victorieuses; il rencontrait partout des traces de leurs triomphes, pouvait-il s'empêcher de faire mention de leur chef? de leur chef qui avait fait une loi de pareils hommages? Il le cite comme un guerrier célèbre; mais en même temps avec quelle modération il en parle : il semble craindre de l'honorer; ce n'est pas son cœur qui le loue, c'est sa plume qui obéit à la nécessité. Cela se devine, cela se sent à chaque ligne; tandis que c'est avec une entière délectation qu'il se prononce sur la tyrannie. « Si, dit-il, j'avais jamais pensé, avec des hommes dont je

» respecte d'ailleurs le caractère et les
» talents, que le gouvernement absolu
» est le meilleur de tous les gouverne-
» ments, quelques mois de séjour en
» Turquie m'auraient bien guéri de cette
» opinion. » Il dit ailleurs : « Oh ! que
» les despotes sont misérables au milieu
» de leur bonheur, faibles au milieu de
» leur puissance ! qu'ils sont à plaindre
» de faire couler les pleurs de tant
» d'hommes, sans être sûrs eux-mêmes
» de n'en jamais répandre, sans pouvoir
» jouir du sommeil dont ils privent l'in-
» fortuné. » Était-ce là un admirateur de la puissance impériale ? était-ce là le tribut d'un esclave ? Et comment M. de Châteaubriant sè serait-il asservi à payer ce tribut, lui qui lutta toujours avec fermeté contre un pouvoir odieux ? Rappelons quelques faits peu connus.

N'est-ce pas lui qui se démit d'une place honorable le jour où l'on fit périr par un meurtre atroce ce prince, ce héros, ce duc d'Enghien que nos yeux ont tant pleuré ? N'est-ce pas lui qui publia dans le *Mercure* des articles où versant des larmes sur le tombeau des dames de France, il ne craignit pas de comparer à Néron, dans un autre endroit, celui que ses flatteurs saluaient du titre de *grand* ? N'est-ce pas lui qui, aventurant sa fortune et sa vie, ne voulut pas fléchir devant cette nouvelle idole, qui eut la petitesse de se reconnaître dans le véridique portrait arraché par la vengeance et la douleur, à l'écrivain dont on venait d'assassiner un parent de son nom, un ami qu'il n'avait pu sauver, malgré ses démarches et ses pleurs ?......

Le *Télémaque* existait : en vain les auteurs de *Séthos*, de *Cyrus*, de *Télèphe*, de *Guillaume-Tell*, de *Numa-Pompilius*, de *Tulikan*, avaient essayé d'imiter cette belle création d'un grand génie ; nous n'avions rien à placer auprès de l'ouvrage du Cygne de Cambray (ouvrage charmant, qui semble être une suite des poëmes d'Homère), quand les *Martyrs* parurent ; quand ils parurent sous la domination de ce Corse despote, qui proscrivait tout ce qui pouvait condamner ses folles entreprises ou ses projets impies. Qu'on lise avec attention, avec délice, le septième livre si rempli de détails flatteurs pour nous ; comme ces lignes se graveront dans notre mémoire. « Il existe dans les forêts de la » Germanie un peuple qui prétend des-

» cendre des Troyens.... Ce peuple for-
» tuné, formé de diverses tribus de
» Germains, les Sicambres, les Bructè-
» res, les Saliens, les Celtes, a pris le
» nom de Franc, qui veut dire libre, et
» il est digne de porter ce nom. » Mais qu'importaient à celui qui ne s'occupait que de lui-même, les belles traditions sur notre antique origine? Les *Martyrs* rappelaient trop de choses saintes profanées par le tyran, pour qu'il pût les laisser paraître, sans ajouter à celle du héros une persécution nouvelle contre l'ouvrage. La critique fut déchaînée; et quelle critique! injurieuse et furibonde, elle outragea l'auteur avec lâcheté, attaquant sans honte celui qui ne pouvait se défendre que par le silence. Ne fallait-il pas qu'il expiât ce portrait vigoureux? Dic

clétien dit à Galérius qui veut lui ravir la couronne : « Depuis vingt ans que je » tiens les rênes de l'empire, un som- » meil paisible n'a point encore fermé » mes yeux ; je n'ai vu autour de moi » que bassesses, intrigues, mensonges, » trahisons ; je n'emporterai du trône » que le vide des grandeurs et un pro- » fond mépris pour la race humaine. » Galérius croit sa puissance au-dessus de ces misères, il donnera des spectacles au peuple romain. Dioclétien lui réplique. « Eh bien! dit le farouche César, » si le peuple romain *ne veut pas rire,* » *je le ferai pleurer : il faudra ou servir* » *ma gloire, ou mourir ; j'inspirerai la* » *terreur pour me sauver du mépris.* » L'allusion n'était-elle pas très forte, et ne dut-elle pas faire l'effet du cri du remords dans la conscience du coupable ? Qu'il me soit permis d'en citer encore un trait d'un autre genre, mais qui dut être aussi bien sensible à l'ame du moderne Galérius. En parlant de Pharamond, Clodion, Merovée, l'auteur des *Martyrs* s'exprime ainsi : « Quand de » sa main droite Merovée agitant un » *drapeau blanc*, appelait les fiers Si- » cambres au champ de l'honneur, ils » ne pouvaient s'empêcher de pousser » des cris de joie et d'amour ; ils ne se » lassaient point d'admirer à leur tête » trois générations de héros : l'aïeul, le » fils et le père. » Je ne sais si je me trompe, mais je me plais à croire qu'en traçant ce paragraphe, M. de Châteaubriant songeait à ces trois illustres princes qu'on vit à la tête de la noblesse française s'illustrer par leur courage et leur bonté; Condé, Bourbon, d'Enghien!.... Ah! pourquoi le dernier fut-il moissonné par une trahison inouïe et sans exemple encore dans l'histoire, où l'on trouve cependant des crimes de tant de sortes?....

Me tromperai-je, mon cher ami, en me persuadant que ces citations et ces souvenirs suffisent pour la gloire, l'honneur et l'éloge d'un écrivain qui ne se dévia jamais de la route tracée par son courage? En vain cette censure qui rivait les fers de la pensée, fit une obligation à tant d'écrivains de célébrer le fléau de l'Europe; M. de Châteaubriant, toujours libre et fier dans l'asservissement de la France, n'a pas écrit un mot qui puisse jamais le faire rougir de honte.

Pourraient-ils en dire autant, ceux qui déclament si fort contre quelques lignes que je crois si innocentes? Qu'ils se taisent donc, et qu'ils n'insultent pas toujours à une gloire justement acquise, et qu'il est temps d'apprendre à respecter!

QUAND la critique se déchaînait si amèrement, par des *ordres supérieurs*, contre M. de Châteaubriant, je fis quelques articles qui ne virent pas le jour; mais j'écrivis la lettre suivante, qui parut dans un journal, sous la date du 5 février 1812.

« Nous avons en France un triste usage, une très condamnable coutume, c'est celle de tourner en plaisanterie les choses les plus sérieuses, et d'abreuver de dégoûts les hommes les plus célèbres. Qu'un écrivain de génie se présente; non seulement la critique le harcèle sans ménagement, mais une foule d'envieux lui cherchent des torts ou des ridicules. Il faut qu'il essuie les observations les plus sévères, les censures les plus vives, les parodies les plus bizarres. Le Parnasse français ressemblerait-il donc à ces vastes et belles arènes, où un peuple féroce se plaisait à voir égorger sous ses yeux de malheureux gladiateurs ? Que doivent penser les peuples étrangers de cette mode cruelle ? Eux, du moins, s'enorgueillissent du mérite de leurs écrivains ; ils ne les outragent pas, ils ne les déprécient pas ; chaque gloire particulière y devient l'apanage de tous ; la reconnaissance en fait un véritable triomphe national. Et comment nous qui avons su les vaincre en courage, les effacer en génie, ne les imiterons-nous jamais sur une gratitude qui tient autant au sentiment qu'à l'amour-propre ?

Vous devinerez sans peine, monsieur, que c'est l'*Itinéraire de Pantin au Mont-Calvaire*, par M. de CHATEAUTERNE, qui a fait naître ces réflexions. Je ne connais pas ce livre qu'on annonce brillamment; il peut être sorti de la plume d'un homme d'esprit, mais certainement ce n'est pas l'ouvrage d'un homme juste. Quoi ! M. de Châteaubriant aura consacré sa vie à s'instruire; il aura entrepris, par zèle pour les sciences, des voyages de long cours, et quelquefois très-périlleux; il aura usé sa jeunesse dans l'étude; il aura fait les plus laborieuses recherches; il aura d'abord publié ce *Génie du Christianisme*, où, au milieu de quelques fautes légères, on voit briller tant de pages sublimes; il aura ensuite composé, d'après ses principes, une épopée nouvelle, ou, si l'on veut, un roman, qu'on placera désormais à côté de ce Télémaque qu'on ne pouvait jusqu'à présent comparer à rien dans notre langue ; et pour récompense de ses nobles travaux, il sera persiflé, insulté, satirisé ! L'on ira même jusqu'à se permettre des pointes sur un nom illustre dans l'histoire avant que l'auteur le portât. Les lecteurs qui pensent avec mesure, ne seront-ils pas blessés de cet oubli de toutes les convenances ? Pour moi, je l'avoue, je n'ai pu lire, sans en gémir, toutes ces bouffonneries, qui ne seraient que plaisantes si elles n'étaient pas cruelles, et que, par conséquent, M. de *Châteauierne* aurait dû s'interdire. Qu'on relève dans les brochures de M. de Châteaubriant les négligences qui lui échappent, les termes impropres qu'il emploie : eh ! mon Dieu ! les juges sévères trouvent des fautes même dans Racine ; mais vouloir l'affliger par des parodies inutiles, publier sans besoin et sans fruit des turlupinades qui doivent l'offenser, ce sera toujours ce que je ne saurai comprendre. « *Malheur*, disait M. de Nivernais, *à ceux dont l'esprit se pare des défauts du cœur!* Si c'est une sottise d'applaudir, j'aime mieux être du nombre des sots qui applaudissent, que du nombre de ceux qui dénigrent toujours.»

LETTRE CINQUIÈME.

A M. DE KERIVALANT.

11 mai 1813.

Que de pamphlets on nous inonde ! que d'absurdités on hasarde ! nous semblons être atteints d'une fièvre chaude. Toutes les têtes fermentent, chacun s'agite ; on parle, on tranche, on réforme ; et, quoi qu'on dise ou qu'on écrive, on est assuré de trouver beaucoup de curieux qui dévorent et vos discours et vos écrits. Moi-même j'ai lu je ne sais combien de ces petites brochures qui viennent de paraître. Qu'y ai-je gagné ? peu d'instruction et beaucoup d'ennui. Je ne confondrai pas cependant, dans ce nombre d'ouvrages somnifères, la belle Philippique de M. de Châteaubriant ; et surtout les observations si fortes, si brillantes, si onctueuses, mais trop courtes, de M. Bergasse. Ces deux morceaux sont d'un genre à part, ainsi que l'éloge de *madame Elisabeth de France*, par M. de Ferrand, et ils resteront toujours dans la mémoire des connaisseurs. Mais quel souvenir conserveront-ils de l'espèce de dissertation que M. le sénateur Grégoire vient de publier sur la constitution? J'ai eu le courage de la lire, mon cher ami, et il me prit fantaisie d'y répondre. Voici ce que j'ai fait; je désire que vous en soyez content.

RÉPONSE

A M. GRÉGOIRE,

Ancien évêque de Blois, sénateur, etc., sur son écrit intitulé : DE LA CONSTITUTION FRANÇAISE DE L'AN 1814.

« Ils sont en petit nombre ces individus qui
» justifient cette maxime, que l'univers
» n'est pas assez riche pour acheter le suf-
» frage d'un homme de bien, ni assez puis-
» sant pour le faire dévier de ses principes.
» A leur suite viennent quelques êtres
» moins robustes, et que le bon exemple
» entraîne ; faites un effort de charité pour
» ne les juger que sur l'avenir. Mais l'ame
» est profondément attristée à l'aspect des
» fourbes couverts d'or et couverts de
» crimes, qui, par leur fortune, leur au-
» dace et leurs places, exercent sur la so-
» ciété un ascendant funeste. »

(*Extrait des Réflexions de M. le sénateur Grégoire.*).

NUL doute que chacun ne puisse être appelé, suivant ses lumières, à s'occuper d'une chose qui peut faire non seulement la gloire et le bonheur d'une nation entière, mais encore influer par l'exemple sur la destinée des autres peuples; d'une chose aussi importante qu'une *constitution ;* et M. Grégoire a raison de dire, que *le titre de sénateur n'ôte pas à celui qui en est revêtu le droit de publier ses observations.*

Nous les avons donc sous les yeux ses *observations* singulières, et nous ne pouvons résister au désir de les examiner rapidement. Ecrites avec précipitation et sans ordre, comme la constitution qu'elles combattent, nous les suivrons dans leurs détours et leur bizarrerie. Ce n'est pas un ouvrage que nous prétendons faire, ce sont quelques lignes seulement que nous allons écrire, entraînés comme tant d'autres par le besoin de parler enfin avec toute franchise, en sortant d'une époque où l'on a été si long-temps obligé de parler avec toute contrainte.

Venons donc sans retard à l'objet en question.

Je ne sais si M. Grégoire ne se trompe pas quand il affirme que *quelques hommes ignorants, assouplis par le despotisme, décident gravement qu'une charte fondamentale est inutile*. Où sont-ils ces *ignorants assouplis?* N'y aurait-il pas ici un malentendu entre M. Grégoire et ceux dont il veut combattre l'opinion? Où trouverait-on des êtres assez absurdes pour prétendre qu'une *charte constitutionnelle* est une précaution superflue et inutile? Mais est-ce que pendant 1400 ans nous aurions vécu puissants et libres (comme un peuple doit l'être), sans aucune institution politique ? La France n'était-elle pas *constituée* sous Louis XII, et plus anciennement sous Charlemagne ? Qu'était-elle donc pendant un si long espace de siècles ? Comment a-t-elle pu figurer d'une manière si brillante dans l'histoire ? Quels éléments se réunirent pour son organisation ? Par quel pouvoir se maintint-elle toujours dans son rang ? Etait-il despotique ou paternel ? Etait-il usurpé ou héréditaire ? Etait-il fantastique ou réel ? Voilà sans doute le germe de beaucoup de discussions intéressantes à traiter. D'autres s'en occuperont, je pense, avec plus de fruit que moi ; je ne m'y arrêterai point : j'ai résolu de suivre la marche des idées de M. Grégoire, cette résolution dût-elle paraître aussi bizarre que sa brochure.

Oui, *les peuples ne sont pas créés pour le bon plaisir de leurs chefs* : voilà pourquoi le despotisme est odieux à tout homme qui pense. Mais le nom de *maître légitime*, qui blesse si fort M. Grégoire, ne paraît pas si mal sonnant à mes oreilles. Toutefois nous pouvons y substituer celui de père, un monarque n'étant ou ne devant être véritablement que le père de ses sujets; il est le protecteur, le défenseur de tous, et jamais le tyran. Mais à ce *maître* il faut une règle, et les peuples méritent d'avoir une *garantie*. Personne ne contestera ce principe. Les princes qui reviennent parmi nous sont d'excellents princes. Il y a quelque chose en eux de cette bonté céleste que donne le malheur, de cette indulgence paternelle que le ciel inspire, et de ces nobles idées que l'instruction fait naître. Mais il peut se présenter parmi leurs descendants quelque indigne rejeton qui, démentant les vertus de son antique race, veuille asservir ce peuple brave et généreux qu'il ne devait que gouverner. Ayons donc une charte; ayons donc des *institutions fortes et libérales*, qui ne soient pas improvisées comme un simple madrigal, et surtout n'imposons pas au souverain la loi de les adopter aussi légèrement que nous les avons conçues.

Eh! pourquoi ce prince estimable, ce prince désiré de nos cœurs, ne serait-il pas consulté pour cette charte? Est-il étranger à la cause qui nous occupe? N'est-ce pas de son héritage qu'il est question? L'usurpation lui a-t-elle enlevé tous ses droits? Y a-t-il eu prescription, et n'est il plus rien pour nous? Pouvons-nous le considérer comme un prince nouveau que la nation adopte, et qu'elle veut élire en place d'une race éteinte?... *Qu'un républicain d'esprit et de cœur* pense le contraire, cela ne m'étonne point; mais comme nous avons trop appris à redouter ce qui tient au républicanisme, permettez-nous de rejeter toutes ces idées d'indépendance nationale et de souveraineté populaire, qui n'ont produit que de tragiques événements.

J'admire la Grèce et l'*Helvétie*, quoiqu'il y ait beaucoup à dire contre l'une d'elles; mais s'il s'agit des républiques romaine et française, je n'ose plus admirer, je frémis, je détourne ma vue avec horreur, je soupire et me tais. Ce n'est donc pas un moment favorable pour analyser le mot de SOUVERAIN, *si mal défini dans nos dictionnaires*, suivant M. Grégoire, *puisqu'il ne peut s'appliquer qu'à la nation.* Mais comment la nation, qui est un être presque passif, pourrait-elle remplir les actives fonctions que la souveraineté exige? Sera-ce par délégation? sera-ce en masse ou en détail? Si c'est en masse, la chose est impossible; si c'est en détail, je vois une foule de tyrans à la place d'un *maître*, mille ambitieux au lieu d'un père. La préférence peut-elle être douteuse? Sans être à Constantinople, *quoi-*

que obéir ne soit pas approuver, je crois qu'on peut approuver et obéir en pareille rencontre.

A la bonne heure, qu'il y ait responsabilité quelque part, qu'il y ait réaction de pouvoir, c'est-à-dire, balance dans l'ordre social; mais là se bornent les droits des peuples; et s'ils prétendent reprendre l'autorité qu'ils ont donnéee une fois, ils ne sont plus, suivant Bossuet, que des révoltés punissables. Faites donc cette constitution que vous désirez faire; traitez-y toutes les grandes questions d'état; soumettez-la aux lumières des hommes les plus instruits, ou, pour mieux dire, attendez, désirez cette constitution qu'un roi sage et généreux nous prépare. Hélas! Louis XVI en voulait une constitution, qui réformât quelques-uns de ces anciens abus inséparables des institutions humaines, qui assurât à chacun ses droits, réglât toutes les prérogatives, et fût le *palladium* du bonheur de toutes les familles. Il le voulait; et vous savez, M. Grégoire, où le conduisit son noble vœu!... Ce sinistre dénouement ne devrait-il pas nous avoir un peu corrigés de nos rêves politiques?

Ah! laissez, laissez à l'ombre de Mirabeau la honte éternelle de ces paroles: *L'insurrection est le plus saint des devoirs*, et ne louez pas le peuple qui a *perfectionné l'art social en légalisant le droit à la résistance.* Si la résistance à l'oppression est un remède, quelquefois nécessaire quoique cruel, n'en faisons pas un précepte, et souvenons-nous que ce prétendu remède n'est presque toujours qu'un châtiment de plus que nous inflige la Providence.

Vous *n'aimez pas les sous-entendus dans un pacte social;* vous avez raison: les sous - entendus ne sont bons nulle part; ils sont ordinairement cause qu'on ne s'entend jamais.

Je n'ai ni la mission, ni le talent qui pourrait me la donner, de discuter les questions qui vous occupent ensuite; cela d'ailleurs nous mènerait trop loin, et ne servirait à rien. Les anecdotes que votre plume rappelle sont piquantes, elles prouvent que nos mœurs ne sont plus celles de nos ancêtres, ce qui peut-être n'est pas un mal; et que de grands événements sont quelquefois produits par de petites causes. Que faire à cela? Si la Providence le veut ainsi, est-ce un *ancien évêque* qui nous apprendra à casser ses irrévocables décrets?

Pour nous précautionner contre l'enthousiasme qui nous entraîne, vous nous rappelez cette réflexion du trop célèbre J. J. : « La maxime la plus fon-» damentale de tout gouvernement est » de ne jamais revenir de ses sotti-» ses. » Ne serait-ce pas aussi par hasard celle de beaucoup d'hommes d'esprit ?

Quant aux *sénatus-consultes organiques*, il est beau de voir un membre du sénat en reconnaître, sinon l'illégalité, du moins le terrible danger; et nous applaudissons, sous ce rapport, aux justes réflexions de M. le sénateur Grégoire; mais nous ne serons pas de son avis au sujet de la noblesse. Il ne voudrait pas qu'elle fût héréditaire ; il désire qu'elle appartienne à chaque génération *au mérite personnel*, et qu'il n'y en ait pas d'autre. Sans doute, toute noblesse a commencé de cette manière; mais faut-il toujours commencer et recommencer? Si l'ame est immortelle, si la gloire n'est pas une chimère, si le désir de se survivre par des actions d'éclat n'est pas une extrême folie, comment la transmission de la noblesse serait-elle si condamnable? Je suppose encore que nous soyons au milieu d'une république : si elle n'est pas constamment ingrate comme celle d'Athènes, pense-t-on que les descendants de Solon, de Miltiade, de Thémistocle, puissent être confondus dans la foule? N'y seront-ils pas suivis du souvenir de leurs illustres pères, et ne jouiront-ils pas d'une sorte de noblesse bien justement acquise? Qu'on se moque tant qu'on voudra du *mérite des parchemins ;* ces parchemins seront toujours des titres honorables quand ils remonteront à des hommes estimés par leurs vertus, chéris par leur conduite, ou grands par leur héroïsme. Pense-t-on que les arrière-neveux de ces héros qui ont brillé dans nos temps orageux, et dont les exploits ont sauvé le territoire de la France ainsi que de sa gloire, ne s'enorgueilliront point de leur appartenir ? Voudrait-on que la patrie ingrate leur dît brutalement : *Soyez fils de vos œuvres*, vos aïeux ne comptent pas pour vous ?... Certes, je préfère à ce langage un peu dur, celui de l'opinion ancienne ; elle disait à chacun : « Vous » êtes grand par vos ancêtres, tant » mieux pour vous ; mais soyez-en plus

» grand par vos actions : les prérogatives
» qui vous attendent et l'exemple de
» vos pères vous en font un devoir. »
En effet, un noble devait être plus noble qu'un autre dans sa conduite (1); malheur à celui qui ne l'était pas!

Cependant je conviendrai que c'est peut-être un malheur particulier, que le *mérite éminent* n'obtienne pas toujours la préférence; mais ce malheur est rare. Le mérite parvient presque toujours. Fabert fut général; Sugger, ministre; Fléchier, évêque. Et comme le mérite éminent n'est jamais très-commun, il est certain que l'on trouvera plus aisément de bons sujets pour les grands emplois

(1) Des exceptions ne prouveraient rien, sinon que l'homme étant naturellement porté au mal, il y avait des cœurs pervers dans toutes les classes.

dans les hautes classes de la société, que dans les autres. Les Egyptiens, chez qui les *vertus* et les *talents* n'étaient pas plus *héréditaires* que parmi nous, avaient une loi qui rendait sans exception tous les états héréditaires.

Je ne dirai rien sur votre vive sortie contre les dotations ; je me contenterai de vous complimenter sur votre désintéressement, que je suppose sincère : il sera, je crois, partagé par la majeure partie de vos collégues. Les dotations exclusives étaient comme un piége qu'on semblait vous avoir tendu. Qui l'a fait? comment cela est-il arrivé ? Que nous importe ! Ce serait entrer dans de trop petits détails, et je ne prétends composer ni une diatribe, ni un pamphlet, ni un libelle. Je poursuis.

Vous voulez que l'on change la dénomination du *corps législatif ;* cela est facile : mais pourquoi leur interdire toute *sollicitation*, comme si la parenté, l'amitié ne devaient plus trouver de refuge, et qu'elles pussent se suffire à elles-mêmes ? Où donc prétendez-vous nous transporter ? Chez quelle nation allez-vous nous conduire ? Pourquoi demander l'impossible ? Sénateur, en vous faisant publiciste, n'écrivez-vous que pour écrire ? Pensez-vous que l'entrée au sénat ou au corps législatif va dépouiller nos cœurs de tout attachement ? Ne savez-vous pas que le mérite est toujours modeste, qu'il a besoin du secours d'autrui pour parvenir, et que, sans protection, le talent se morfond sans fruit à la porte des ministres ?.. Si des sénateurs doivent s'interdire toute démarche, interdisons aussi, dans ceux qui gouvernent, les préférences, les caprices, les hauteurs; faites des hommes parfaits, et vous aurez plus fait que le Prométhée de la fable. Mais, jusque-là, laissez-nous nos protecteurs et nos amis, en vous contentant toutefois de ne protéger personne, si cela vous convient.

J'ai annoncé que je ne voulais, ni ne devais, ni ne pouvais discuter aucune des grandes questions sur lesquelles vous laissez errer familièrement votre plume. Je n'ai pas la prétention de faire un livre en cinq minutes. D'ailleurs, qu'irais-je relever? qu'il manque beaucoup de choses à une constitution qui n'en est pas une; qu'on n'a réfléchi sur rien; qu'on n'a rien prévu. Tout cela est bien fort dans la bouche d'un sénateur !.... Mais cette constitution n'est-elle pas comme un de ces jouets qu'on livre à un enfant dont on veut apaiser les murmures? On nous a pris pour des enfants, on nous a traités de même, nous avons eu notre jouet, notre pantin, qui n'avait ni bras ni jambes; nous en plaindrons-nous? Pourquoi donc? Les jours d'indulgence ne sont-ils pas arrivés? Est-ce quand un bon père se retrouve au sein de sa famille, après un long voyage, qu'on va renouveler de petites dissensions, et troubler les jouissances de son retour? Non, non; et que tout soit oublié dans la joie de le revoir.

Mais la liberté de la presse sera-t-elle un vain mot? les espérances de l'homme de bien seront-elles trompées, et l'indépendance de l'homme de génie enchaînée ? Je ne le crains pas. L'homme honnête sera toujours libre d'écrire ce qu'il ne rougira point de penser. Toutefois la liberté a un terme après lequel elle devient licence. Avancera-t-on qu'il est délicat de fixer ce terme ? J'en conviens ; mais doit-on, sous ce prétexte, laisser tout circuler ? Les mauvais livres sont un poison pour l'ame ; et voudrait-on qu'il y eût du poison entre toutes les mains ?.... Que la censure soit discrète, le génie sera libre, et la société politique sera contente.

De la charte constitutionnelle vous passez *à ce premier corps de l'état, sur lequel plane depuis long-temps*, selon vous, *la défaveur populaire.* Il est vrai que le sénat, qui sanctionna si souvent des actes injustes ou atroces, put entendre quelquefois s'élever jusqu'à lui les cris déchirants du désespoir national. Mais ce peuple qui se plaignait, est juste; il n'ignore pas que, dans ce corps plus opprimé qu'oppresseur, il existe beaucoup de membres recommandables, qui, gémissant de ne pouvoir arrêter tant de crimes, attendaient avec impatience l'heure marquée dans le ciel pour la perte du tyran. Honneur leur soit rendu! ce sont eux qui ont proclamé sa déchéance. Cette proclamation était peut-être illégale; mais elle était nécessaire, et nous n'en jouissons pas moins de ses heureux résultats. Honneur donc et reconnaissance au sénat; mais que notre gratitude ne nous emporte pas trop loin, et gardons-nous de bénir dans ce corps ceux que M. Grégoire ose signaler à grands traits. Qu'ils soient bannis d'une enceinte qu'ils déshonorent. Là siégent, auprès de ces hommes si purs, ces assassins.... Qu'allais-je dire ? Ah ! que l'histoire en fasse justice, ou qu'on les juge ; je ne prétends pas allumer les torches de la discorde ; ne désignons aucun individu ; qu'ils se perdent derrière la toile, avec le remords qui les ronge ; qu'ils se voilent, qu'ils se cachent, qu'ils fuient... Oui, qu'ils fuient ! Et puissent fuir avec eux ces lâches, qui ne tremblaient pas de dire, qu'*ils ne mêlaient pas leur conscience dans les affaires politiques !* Misérables ! ne la mettiez-vous que dans votre bourse ? Qu'un homme isolé se permette une ineptie pareille, il n'est qu'un petit grain de sable animé se mouvant sur ce globe; mais vous qui gouvernez des empires, ou qui, du moins, régissez des provinces; vous qui autorisiez, appuyiez tous les empiétements du despotisme; vous qui, pouvant, avec un peu de courage, faire le bonheur de quelques millions d'individus, avez sanctionné leur malheur, mettiez-vous votre conscience dans la plénitude de vos devoirs? Grand Dieu! sont-ce là des hommes ou des monstres qui parlent? sont-ce des sénateurs?..... Qu'il est heureux de ne pas connaître ces philosophes politiques d'une nouvelle espèce! Quelque modération qu'on se sente dans l'ame, il serait impossible de ne pas vouloir flétrir, en les nommant, des êtres si méprisables!...

Je m'arrête; je suis pressé de finir:

comme vous, je n'ai pas consigné dans ces lignes la *vingtième partie de ce que je sais, et la centième de ce que je pense;* mais si j'avais votre facilité à écrire, au lieu d'attaquer l'ouvrage très informe et très oublié de mes collégues, je me serais plu à entretenir le peuple français, non de quelques opinions bizarres *sur les funérailles de la liberté*, mais des grands principes monarchiques et de ses devoirs; je lui aurais dit, par exemple:

« Nous avions un tyran; un bon roi le remplace. Ce roi, entouré de sages ministres et de sujets fidèles, ne s'occupera que de votre bonheur. Cette conscription, qui dévorait des générations entières; ces proscriptions si nombreuses et presque ignorées, ces incarcérations si arbitraires, ces administrations fiscales, ces impôts si vexatoires, ces lois si prohibitives, vont être changées. On n'abolira pas tout, sans doute; on ne pourra pas même supprimer tout ce qu'on voudrait : quel ange pourrait tout à coup réparer tant de maux? mais n'est-ce pas assez que d'en voir diminuer la masse? Le retour paisible de nos enfants, l'union dans les familles, la délivrance des détenus, le rétablissement de l'ordre social et des relations amicales, la prospérité du commerce; la diminution des impôts, un adoucissement dans le mode de leur perception; la liberté de la presse et des cultes, la sûreté des consciences, la facilité de l'éducation, l'exemple des bonnes mœurs auprès du trône, la cessation d'une guerre terrible : tant de bienfaits ne seront-ils comptés pour rien? Et ne saurons-nous pas être contents, si l'on ne réalise pas l'insensé projet de tout détruire? La dette nationale n'est-elle donc pas une dette sacrée? Avec quoi le roi l'acquittera-t-il si la nation lui refuse de justes subsides? Est-ce lui qui l'a faite? Qui doit la payer? Qui doit en répondre? Pourquoi donc ces troubles dans l'intérieur? Ne voudrait-on être soumis qu'au despotisme? Peut-on éviter de contribuer aux charges de l'état? Sous quel gouvernement a-t-on vu les impôts entièrement abolis? On nous promet des améliorations? peut-on les opérer promptement, sans secousse? N'en a-t-on pas déjà beaucoup fait?... Peuple français, jouissez avec calme du bien que vous avez déjà; n'anticipez point sur un avenir qui sera encore meilleur : le désordre n'est bon à rien. Attendez, oui, attendez : la patience doit être la vertu des peuples, comme la bonté est celle des rois. »

Voilà une partie de ce que j'aurais dit, si j'avais cru (ainsi que vous) avoir une mission. Peut-être cela n'aurait pas été puisé dans l'*Helvétie ;* mais je l'aurais puisé au fond de mon cœur, et cette source en vaut bien une autre.

LETTRE SIXIÈME.

A M. DE KERIVALANT.

20 mai 1814.

Lorsque tant de livres accusateurs vont voir le jour, lorsque nous allons jouir de tant de richesses littéraires proscrites, vous serez envieux, je pense, mon cher ami, de connaître une espèce de prédiction qui vous étonnera : elle est de M. l'abbé Sabatier de Castres ; de cet illustre écrivain, qui composa l'excellent ouvrage des *Trois Siècles littéraires*, et qui m'honora de plusieurs de ses lettres avant que l'horizon politique fût devenu assez orageux pour interrompre toutes les relations de l'intérieur de la France avec le dehors. Parmi les choses remarquables qu'il m'écrivait à cette époque, voici ce que je trouve dans une lettre du 7 septembre 1811. « La France, » toute puissante et toute victorieuse » qu'elle est, n'existera plus dans quel- » ques années comme corps politique. » Depuis Richelieu elle ne cesse d'agiter » et de troubler l'Europe, et les temps » sont près d'arriver où l'Europe se li- » guera fortement pour l'effacer du nom- » bre des états... Je ne suis ni prophète, » ni devin, mais je suis né observateur. » Ce qu'il y a de certain, c'est que la » révolution française n'est pas finie, » n'en déplaise à tous vos esprits ; et la » preuve de cela, c'est que le trop heu- » reux Corse n'a pu encore réussir à ré-

» habiliter la mémoire du malheureux » Louis XVI. » Il m'écrivait le 14 du même mois et de la même année : « L'état des choses n'est pas soutenable. » Si vous êtes sage, vous attendrez en » paix les événements qui menacent l'ar- » mée française d'Allemagne. N'en dé- » plaise à l'habileté de Napoléon, la » guerre est inévitable, elle sera rallu- » mée dans le nord avant la fin de l'an- » née, et bientôt après dans le midi : » car l'Autriche n'attend que le moment » de pouvoir prendre en sûreté sa re- » vanche. Le mariage de l'archiduchesse » n'empêchera rien ; il a été arraché par » la force à la politique....... Oui, les » temps sont arrivés où les Français se- » ront battus, humiliés, divisés entre » eux ; leur gouvernement renversé, et

» leur pays peut-être partagé. Tout a » un commencement, un milieu et une » fin, et la fin de la monarchie française » arrive au grand galop : quoique bril- » lante et paraissant plus grande, elle » est comme un beau soleil couchant ; sa » chute est préparée par son ambition, » et l'esprit philosophique ou d'irréli- » gion la rend inévitable. Je ne la désire » pas, assurément ; mais je ne puis m'em- » pêcher de la prévoir. Avec quelle dou- » leur je verrai mon pays déchiré ! etc. » Ne trouvez-vous pas ces lignes bien singu- lières pour l'époque où elles furent écri- tes ? Sans doute, l'auteur s'est trompé dans ses craintes ; mais qui aurait pu deviner alors, que de nos défaites allait sortir notre triomphe, et que de nos souffrances naîtrait notre bonheur ?

LETTRE SEPTIÈME.

A M. DE KERIVALANT.

29 mai 1814.

Je vois s'envoler, mon cher ami, de belles espérances, d'agréables projets et de douces illusions! j'allais partir, mon devoir me retient, des ordres supérieurs me rappellent à mon poste : j'obéis; mais ce n'est pas sans regretter l'honorable mission que j'allais recevoir. Quelle fête pour mon cœur, de me trouver tout à coup à la cour de mon roi, auprès de ce héros chrétien éprouvé par tant d'infortunes, et rappelé par notre amour! Comme cette perspective m'enchantait!

Ce n'était point par ambition, je vous assure; mais, souvent proscrit et persécuté pour mon attachement à ce bon monarque, je jouissais d'avance du plaisir d'aller contempler ce légitime souverain, pour lequel je vis ma jeunesse plongée dans les cachots. Hélas! un autre ira à ma place porter les vœux et les offrandes de ma province; un autre ira *cueillir les joies* d'un si heureux message. Je n'ose pas dire que je ne l'envie point; je vous tromperais, je me tromperais moi-même. Ignorant encore le moment où il me serait permis de partir, j'avais d'avance pris la plume, et tracé d'inspiration les paroles que je croyais pouvoir prononcer. Je vous les envoie; j'aurais voulu mieux dire; j'ai dit du moins ce que je pensais. Peut-être y remarquerez-vous une analyse rapide de la révolution. Elle est exacte et vraie; sinon pour tous les Français, du moins pour la grande majorité, qui, à diverses époques, fut toujours plus asservie que coupable.

Je ne sais, mon cher ami, si ma conclusion vous causera quelque surprise; mais si les bruits qui circulaient alors sont parvenus jusqu'à vous; s'il est vrai que notre roi, que notre père, avec un héroïsme sans exemple, avait offert aux puissances de redescendre de son trône; s'il est vrai qu'on ait mis son amour paternel à cette cruelle épreuve, ne devais-je pas, au nom de mes commettants, dont je connais le zèle et le royalisme; ne devais-je pas, au nom de la France, lui rappeler notre dévouement et notre courage? ne devais-je pas dépouiller hardiment une coalition, qui oubliait ses promesses, de ses injustes prétentions, en déclarant que *nous étions soumis et non pas vaincus;* que notre roi était à nous, qu'il nous appartenait par ses droits, par nos vœux et par nos malheurs ?

Voilà, mon cher ami, l'excuse de cette sortie, qui était peut-être impolitique et déplacée. Elle est écrite, à présent; je n'y veux rien changer : si elle est injuste, tant mieux, j'aurai du plaisir à m'être trompé; si elle ne l'est point, j'aurai exprimé ce que de bons Français doivent sentir.

Voici donc mon discours :

15 mai 1814.

SIRE,

C'est l'hommage d'un peuple long-temps asservi, long-temps malheureux, mais toujours fidèle, que nous apportons au pied de votre illustre trône. Il n'est pas besoin de retracer à votre souvenir l'histoire de ces temps affreux de discorde, de révolte et de crimes : ils vous sont trop connus, et vous en avez gémi comme nous. Que de jours d'infortune! que de perplexités! que le ciel nous semblait lent à se laisser fléchir! Tous les maux nous assaillirent à la fois, et presque aucune espérance ne nous restait : nous semblions être revenus à ces horribles temps d'envahissement et de conquêtes, où les nations se déchiraient entre elles jusqu'à une entière destruction. C'est au milieu de cette crise terrible qu'un orage s'éleva contre la France : orage salutaire ! destiné à nous perdre, il nous sauva. Des ennemis nombreux franchirent nos frontières que ne défendaient plus des armées aguerries ; une folle ambition, une imprévoyance encore plus folle, les avaient dispersées, anéanties !..... Nos provinces allaient être la proie de ces peuples qu'outragea trop long-temps un guerrier trop heureux : ils pouvaient nous porter la vengeance, ils nous annoncèrent le bonheur et la paix. Ces mots consolateurs ébranlèrent notre courage : heureuse indécision, qui nous empêcha de river nos fers ! Cependant on se livrait avec crainte : qu'allions-nous devenir ? On attendait tout du ciel sans oser rien prévoir, quand tout à coup nous apprenons que ce ciel, long-temps irrité, a daigné nous sourire, que nos désirs sont satisfaits, que les Bourbons nous sont rendus : ce ne fut qu'un cri de triomphe et de joie. Mais cette joie si vive et si pure n'est pourtant pas sans mélange de peine. Oui, Sire, nous devons vous parler avec une entière franchise : nous sommes des enfants qui venons confier nos sentiments, nos pensées, nos chagrins à un père. Vous régnez, Sire, appelé par nos cœurs et replacé par vos droits sur votre trône : la Providence vous a ramené parmi nous ; elle seule a rempli nos vœux les plus ardents. En vain une coalition formidable voudrait s'enorgueillir de vous avoir rendu l'héritage de S. Louis. Non, Sire, non, vous ne le tenez pas de ses batailles : elle put bien repousser un tyran, abattre un usurpateur ; nous soupirions après le miracle de notre délivrance : la France a pu être entamée, mais sa gloire, son honneur, sa valeur sont intacts. Si par hasard, Sire, de perfides amis voulaient vous affliger, offenser votre couronne, ne dites qu'un mot ; nos cœurs, nos bras, nos bourses vous appartiennent. Grand Dieu ! nos ames s'indignent et tressaillent à l'aspect du présent, au souvenir du passé. On nous promet la paix, une paix juste, honorable et solide ; mais quand tant de royaumes sont agrandis, la France, qui devait être *puissante, heureuse et libre*, suivant l'expression de leurs manifestes, serait-elle ruinée, spoliée, affaiblie? vingt-cinq ans de misères et de malheurs seraient-ils perdus dans son histoire? ses ports, ses navires, ses arsenaux, ses monuments, ses richesses littéraires...... Hélas! ma vue se trouble, l'avenir m'effraie: la paix est une si douce chose! Mais où serait-elle, cette longue paix, si la France n'était point respectée, si l'on voulait exiger de votre cœur royal et paternel des sacrifices qui le déchireraient? Ne le souffrez jamais, Sire; vous êtes à nous, et non à eux; ils n'ont été que les instruments du Très-Haut: des temps inouïs nous séparèrent, mais vous étiez toujours le chef de la famille, le père de vos enfants; les armées étrangères n'ont pu rien ajouter à cette alliance. Oh! que leurs paroles furent belles! que leurs promesses furent grandes quand ils nous virent ramenés à l'ordre, quand ils furent les témoins de notre vif amour pour les Bourbons, pour les nobles et dignes descendants d'Henri IV ! ils semblèrent vouloir alors égaler nos espérances à notre amour. N'étaient-ce donc que des paroles trompeuses? n'était-ce donc qu'une ruse d'une astucieuse politique? Et qu'y gagneraient ces puissances jalouses? Jamais on n'a subjugué par des insultes une nation aussi fière que brave : qu'elles ne s'y trompent point ; nous nous sommes laissés conquérir pour être à vous, Sire; la France est soumise, mais elle n'est pas vaincue : réunie à son chef légitime, quelle que soit sa position, quelque oppression qu'on veuille lui faire supporter, quelque astuce qu'on puisse employer pour lui ravir ses places, elle saurait se défendre et retrouver des avantages qu'elle a dédaignés pour se soustraire au joug d'un despote, mais pour lesquels elle saurait se frayer encore de nouveaux sentiers, si on l'obligeait à se séparer de son souverain, ou si seulement on voulait flétrir sa gloire et humilier sa grandeur.

POST-SCRIPTUM.

Le 31 mars 1814.

Depuis que cette adresse est écrite, nous avons la certitude que la fermeté du roi d'une part, le dévouement de ses sujets de l'autre, et la médiation ferme du plus puissant des princes alliés, viennent d'améliorer notre situation. Tout fait présager une paix constante et solide. Les prétentions outrées ont fait place à des demandes plus justes. Je ne les rapporterai point; il ne m'appartient pas de pénétrer ni de juger ces vastes projets de politique, qu'on discute dans le secret des cours. Mais si je m'abstiens de parler de ces obligations injurieuses, qui pouvaient soulever la France entière, et la présenter en armes sous la bannière de son roi, qu'il me soit du moins permis de signaler ici ce Russe souverain, dont la conduite a été si magnanime, dont les pensées sont si généreuses, que l'histoire mettra un jour en doute lequel des deux, d'Alexandre, fils de Philippe, roi de Macédoine, ou d'Alexandre, empereur de Russie, mérita, à plus juste titre, d'être appelé *Alexandre-le-Grand.*

Sur les mémorables paroles de l'empereur de Russie.

(1814.)

O d'un grand homme ingénieux détour!
Le Czar préfère aux droits de la victoire
L'hommage pur d'un véritable amour;
Et, ménageant toute l'antique gloire
De ces Français, qu'un despote orgueilleux
Avait soumis à son pouvoir affreux,
Si je n'ai pu du joug dur qui vous pèse,
Nous disait-il, *plus tôt vous délivrer,*
D'un long retard qui vous fit soupirer
N'en accusez que la valeur française.

AU CZAR ALEXANDRE,

Sur les mauvais plâtres et les méchants portraits qu'on a faits de lui.

Toi qui viens remplir de ta gloire
Les annales de notre histoire,
Défends qu'on ose mutiler
Ce front que le laurier doit ceindre :
Le seul Apelles doit te peindre,
Et Lysippe te modeler.

SUR S. A. R.
Mme. LA DUCHESSE D'ANGOULÊME,

Dont la charité est sans bornes, ainsi que ses malheurs.

En vain l'Amour, enchaîné sur ses traces,
Soumet les cœurs au pouvoir de ses traits ;
Ce n'est assez de plaire par ses grâces,
Elle veut plaire encor par ses bienfaits.

FRAGMENT

D'UN VOYAGE A TRIANON,

Dont la publication était suspendue depuis plus de dix-huit mois.

(1805.)

Pleurez, nymphes, pleurez sur l'auguste
Antoinette;
Cette rose autrefois vint se joindre à nos lis.
Loin du faste des cours, au sein de la retraite,
Simple dans ses plaisirs, nouvelle Amarillis,
Sa main, dans ses bosquets, mania la houlette.

Mais, ô revers! pleurez, Grâces, Amours,
A nos douleurs mêlez vos justes larmes!
O jour de deuil! ô plus affreux des jours!
Sur l'échafaud ont péri tant de charmes!
Braves Français, chevaliers, troubadours,
Que faisiez-vous?... Que devinrent vos armes?

Marie-Antoinette et Louis XVI ! quelle mort barbare ! quelle récompense de tant de vertus, et quel emploi cruel de l'or d'une nation rivale qui triompha de nous avoir fait partager la honte de son régicide !... Je ne pus me défendre d'un horrible frémissement ; et ce contraste d'une nature si belle avec des images si tristes, me rappelèrent l'épitaphe que je consacrai à ce couple magnanime, lorsque mon extrême jeunesse ne me permettait que de pleurer sur une catastrophe qui étonna l'Europe, et couvrit la France de deuil.

Les rayons sacrés de leur gloire
Ont illustré leurs échafauds,
Et les pleurs qu'obtient leur mémoire
Font pâlir d'effroi leurs bourreaux.

Quelle vénération, quels respects,

quels tributs d'hommages ce roi et cette reine infortunés ne se sont-ils pas acquis par leurs bontés et leur courage !

Dépouillés de leur sceptre, à l'aspect de la mort,
Leur mâle fermeté ne s'est point démentie,
Et placés constamment au-dessus de leur sort,
La palme du martyre a couronné leur vie.

Ces souvenirs me livrèrent à une mélancolie noire et profonde; je sentis que je devais fuir les promenades, où rien ne pouvait me distraire agréablement; je m'éloignai le cœur serré.

FRAGMENT.

Les trésors de l'expérience semblent perdus pour nous : nos têtes sont si vives, nos passions si ardentes, que peu de jours nous valent des siècles. Dans les vingt-cinq années qui viennent de s'écouler, que de révolutions différentes ! et quel ne serait pas l'étonnement d'un nouvel Epiménide qui se réveillerait aujourd'hui ! Royauté, république, triumvirat, gouvernement impérial, proconsuls, proscriptions, massacres, guerres civiles, conquêtes, invasion des barbares, nous avons tout essuyé, tout vu, et parodié en entier dans ce court espace tout ce qui se passa à Rome dans six cent quarante-neuf ans. En vérité, on ne peut pas aller plus vite, et je crains bien que nous ne soyons toujours cette nation si folle, si légère, si étourdie qu'on a si souvent comparée au peuple d'Athènes. Hélas oui! les Athéniens étaient, comme nous, pressés d'irréfléchis désirs pour de continuels changements; ils ne savaient jamais être heureux, parce qu'ils ne savaient jamais s'arrêter dans le bien : cela nous ressemble beaucoup trop. Eh, mon Dieu! comment se fait-il que nous ne soyons jamais satisfaits? Naguère de braves militaires s'écriaient : « Où s'arrêtera » donc l'ambition de cet homme maudit? » il ne veut que des batailles; il ne veut » que nous exposer sans cesse : nous » avons besoin de paix et de repos; il

« est temps que nous puissions jouir de « notre gloire. » Et voilà qu'aujourd'hui ces mêmes braves maudissent la paix, et s'étonnent de ce qu'un gouvernement réparateur ne marche pas de miracle en miracle : quelle folle espérance les avait donc abusés ? Que veulent-ils? des honneurs ? n'en ont-ils pas de plus solides, de plus durables que ceux qu'ils tenaient d'un homme ombrageux et cruel qui les donnait ou les arrachait au gré de son caprice ? Regretteraient-ils leur avancement, et chaque capitaine aurait-il déjà dévoré en idée le grade de colonel ? Mais qu'ils y pensent enfin : est-il juste de désirer la mort de tant de braves camarades ? la guerre n'a-t-elle pas fait assez de victimes ; et eux-mêmes sont-ils assez invulnérables pour croire qu'ils pourraient toujours échapper à tous les dangers? Ils imploraient le repos, ils en jouissent: pourquoi, quand leurs vœux sont remplis, ne sont-ils plus contents et regrettent-ils ce guerrier despote, plus aventureux qu'habile? cet empereur insensé, qui perdait sa capitale lorsqu'il prétendait repousser au-delà de la Vistule des rois qui, espérant par-là, terminer les malheurs de l'Europe, étaient presque disposés à traiter avec lui!..... Quand on n'ignore pas de pareils faits et une pareille démence, comment peut-on rester attaché à un être si malfaisant; à un être qui, enivré d'une folle gloire, sans égard pour des sujets qu'il avait juré de rendre heureux, sans égard pour l'humanité qu'il désolait par des guerres inutiles, ne voulait que conquérir, que détruire, eût-il dû sacrifier à ses vastes projets tous ses serviteurs les plus fidèles? *Le pillage est l'essence des conquêtes,* répétait souvent ce monstre, qui, ne sachant pas prévoir un revers ni se ménager des ressources après une défaite, livrait les nations entières à l'avidité de ses troupes dont il excitait les passions et tolérait les crimes..... Ah! voilons, voilons des horreurs qui répugnent à ma plume; que l'histoire en fasse justice; je me tais, j'aurais trop à dire!... Mais quelle réflexion accablante vient me troubler! Il n'y a que quelques mois encore que, courbés sous un joug de fer, nous n'osions pas même nous plaindre de nos souffrances. Se permettait-on de gémir en secret? on s'effrayait que les murs n'eussent des oreilles et ne trouvassent des paroles pour trahir le mystère de nos douleurs. Et aujourd'hui, qu'un roi bon et juste est sur le trône; aujourd'hui, que son cœur paternel cherche à verser un baume sur toutes les blessures, on se plaint, on fronde, on condamne, on est presque disposé à conspirer contre ses droits et la justice !.... N'y a-t-il pas une sorte de lâcheté dans une pareille conduite? n'y a-t-il pas une espèce de sédition dans nos paroles ?.... Certes, je n'ai pas, je n'aurai jamais les pensées d'un esclave; mais, j'en conviens, je désire ardemment que le gouvernement soit ferme, et qu'il réprime sans pitié tous les délits d'une coupable effervescence.